Charles Coquelin

Les Crises commerciales et la liberté des banques

Essai

ISBN : 978-1973886549

10 9 8 7 6 5 4 3 2 1

Charles Coquelin

Les Crises commerciales et la liberté des banques

Essai

Table de Matières

INTRODUCTION

Jamais peut-être des causes plus graves et plus pressantes n'ont recommandé à l'attention de notre pays toutes les questions qui se rattachent au développement du crédit et de la richesse publique. Depuis plusieurs mois déjà, la France est sans commerce, sans industrie, sans travail. Cette déplorable situation ne peut durer. Vainement dit-on que le retour seul de la confiance peut lui préparer une destinée meilleure cela n'est pas. Après 1830, il a fallu trois années et plus pour la remettre dans ce qu'on veut bien appeler son état normal, c'est-à-dire dans une situation semblable à celle des dernières années de la restauration. Sous une république démocratique, où le peuple est naturellement, et avec raison, plus exigeant, où les chances d'agitation sont plus nombreuses, il faudra dix années peut-être, si des réformes salutaires ne nous viennent en aide, pour nous ramener au point où nous étions avant la dernière révolution. Est-ce là un résultat si désirable ? La prospérité des dix-huit années qui viennent de s'écouler serait-elle par hasard le dernier terme de nos vœux ? On a calculé qu'en Angleterre, la production brute annuelle du pays, en la supposant répartie d'une manière égale sur la population, donnerait, par journée de travail et par tête, 1 franc 4 centimes. Aux États-Unis, pour l'ensemble de l'Union, une répartition pareille donnerait à chaque individu et par jour 1 franc 70 centimes, et, dans la partie la plus favorisée du pays, dans la Nouvelle-Angleterre, 1 franc 87 centimes. En France, même avant la dernière révolution, la part, pour chaque individu, ne s'élevait pas, suivant les calculs les plus probables, à plus de 72 centimes par jour. Si, dans une situation pareille, il était parfaitement déraisonnable, je dirais même ridicule, de promettre immédiatement à chaque ouvrier 5 francs par jour, tout en abrégeant la durée du travail, c'est-à-dire en diminuant la production, il ne l'est guère moins de prétendre que la France doive se contenter éternellement d'un tel partage, et qu'elle n'ait rien à faire pour l'améliorer.

Améliorer cette situation, voilà donc la grande tâche dévolue à nos législateurs : ils n'y failliraient pas sans péril. Il ne s'agit point de voter des subventions, qui ne font que couvrir les plaies et envenimer le mal au lieu de le guérir, encore moins de proclamer le droit au travail on le droit à l'assistance, erreurs déplorables,

Charles Coquelin

contre-sens funestes, qui ne tendent à rien moins qu'à faire de la France un vaste dépôt de mendicité : il s'agit de réformer les abus dont notre ordre social est dévoré, d'affranchir le travail, encore esclave, quoi qu'on en dise, et de sauver l'industrie en lui permettant de se sauver elle-même.

Parmi les mesures propres à faire renaître le travail en ranimant l'industrie et le commerce, il n'y en a point de plus efficaces que celles qui, tendront à l'établissement du crédit. On l'a dit souvent, et on ne saurait trop le redire, le crédit est l'âme du commerce : sans le crédit, point de commerce, et, sans le commerce, point de travail. Qu'on s'applique donc à faire naître le crédit, qui n'a jamais été malheureusement fort étendu en France. Il ne faut pour cela, d'ailleurs, ni de grands efforts, ni surtout des mesures excentriques, qui manqueraient certainement tout leur effet. Une seule chose est nécessaire, la liberté, non point cette liberté menteuse dont on prétend que nous jouissons, mais une liberté véritable, qui n'ait point à compter avec le monopole.

Comme l'établissement des banques a été jusqu'à présent suivi presque partout de perturbations commerciales plus ou moins graves, devenues, dans certains pays, en quelque sorte périodiques, on est en général porté à croire que ces accidents funestes sont un résultat inévitable de l'institution même. Par une conséquence assez naturelle, on suppose aussi que la multiplication de ces établissements ne pourrait tendre qu'à engendrer des commotions plus fortes. Si une seule banque, instituée, par exemple, à Paris ou à Londres, avec un privilège spécial, et agissant sous le contrôle du gouvernement, devient déjà, même malgré elle, par ses émissions de billets et ses escomptes, la cause ou l'occasion de tant de cruels désastres, que sera-ce de plusieurs banques établies côte à côte et opérant en concurrence dans le même lieu ? A coup sûr, elles s'efforceront, à l'envi les unes des autres, d'imprimer au commerce cette excitation fébrile dont l'expérience a révélé tant de fois tous les dangers. Alors le délire de la spéculation, la folie de *l'outre-commerce (over-trade)*, qui vient de temps à autre emporter toutes les têtes, deviendra l'état normal du pays. On marchera donc de crise en crise, de chute en chute, jusqu'à la ruine finale du crédit public et de tous les établissements privés. Aussi frémit-on à la seule pensée de voir le privilège de la Banque se diviser pour s'étendre à de nouvelles institutions du même ordre. Quant à l'idée de proclamer la liberté absolue de ces institutions, de permettre à qui voudrait d'en établir à son gré d'autres semblables, elle paraîtrait à bien des gens une monstrueuse folie. Que dirait-on cependant s'il était prouvé, en principe et en fait, que c'est précisément dans le privilège exclusif de la Banque que tout le mal réside, que les crises commerciales n'ont pas en général d'autre source que celle-là, et que l'unique remède à y apporter est dans cette liberté même que l'on repousse ?

Ce n'est pas, il est vrai, ce que disait en 1840 M. Thiers, alors président du conseil des ministres, dans la discussion relative au renouvellement du privilège de la Banque de France. Selon cet homme d'état, l'expérience avait prouvé que deux ou plusieurs banques ne pouvaient pas, sans un immense danger, opérer concurremment dans la même ville, que cette concurrence était pour le pays et pour elles-mêmes une source de graves embarras, et leur devenait presque toujours mortelle ; mais j'ai beau chercher dans l'histoire ; je ne vois pas sur quels faits cette assertion s'appuie : je ne connais même aucun pays où l'expérience n'ait prouvé tout le contraire.

Déjà, dès le dernier siècle Adam Smith, qui n'était pourtant pas enthousiaste des banques, avait remarqué que les établissements fondés en Écosse étaient devenus plus fermes, plus solides, plus réguliers dans leur marche, à mesure que le nombre s'en était accru dans le pays. « La sûreté du public, dit-il, bien loin de diminuer, n'a fait qu'augmenter par la multiplication récente des compagnies de banque dans les deux royaumes-unis de l'Angleterre et de l'Écosse, événement qui a donné l'alarme à tant de monde [1]. » Et pourtant les banques établies dans l'Angleterre proprement dite étaient alors constituées sur un très mauvais principe, puisqu'en vertu de la loi de 1708, encore en vigueur à cette époque, elles ne pouvaient pas compter plus de six associés, ce qui ne leur permettait pas d'acquérir toute l'ampleur nécessaire à de pareilles institutions. Ce qui s'est passé dans la suite en Angleterre, et surtout en Écosse, n'a fait que confirmer ces justes prévisions.

En aucun lieu du monde, les banques ne fonctionnent avec autant de régularité, avec autant de sécurité pour le public et pour elles-mêmes, que dans cette partie des États-Unis que l'on désigne ordinairement sous le nom de *Nouvelle-Angleterre*, et qui se compose des six états suivants : Rhode-Island, Massachusets, Maine, New-Hampshire, Vermont et Connecticut. Or, nulle part la liberté n'est plus grande quant à l'institution des banques, et nulle part aussi le nombre de ces établissements n'est plus considérable, eu égard à l'importance de la population. En 1830, d'après les tableaux dressés à cette époque par M. Gallatin, ancien ministre des États-Unis, on comptait dans cette partie de l'Union américaine 172 banques pour une population totale de 1,862,000 âmes. C'est, en moyenne, une banque pour 10,825 habitants. Entre ces six états, il y en a même deux, Rhode-Island et Massachusets, qui se distinguent par une tolérance encore plus grande, à tel point qu'il n'y existe, à proprement parler, de restriction d'aucune espèce. Dans le Massachusets, il n'y en a pas d'autre qu'un droit de 1 pour 100 perçu au profit de l'état sur le capital effectif des banques. Dans Rhode-Island, cet impôt même n'existe pas. En conséquence, le nombre de ces établissements y est, toute proportion gardée, encore plus considérable qu'ailleurs, car on en trouve un pour environ 6,200 habitants, et il est remarquable que ces deux états sont précisément ceux dont la population a le moins souffert des commotions funestes qui ont plusieurs fois ébranlé tout le monde commerçant.

Dans Rhode-Island en particulier, on peut dire que les banques pullulent. On n'en comptait pas, en 1830, moins de 47 [2] pour une population de 97,000 âmes, ce qui donne le résultat presque fabuleux d'une banque pour 2,064 habitants [3]. A ce compte, et en suivant la proportion, il n'en faudrait pas moins de 16,000 pour la France entière. Eh bien ! avec ce développement sans limites des institutions de crédit, croit-on par hasard que ce petit pays soit affecté plus qu'un autre de ces maladies morales qui provoquent les crises ? Loin de là, il en est, au contraire, particulièrement exempt. Le crédit y est assurément très large, le capital fort abondant, le travail facile, la production active : aussi peut-on dire que la population y recueille la plus grande somme de bien-être matériel dont il ait encore été donné à l'homme de jouir ; mais la spéculation ne s'y emporte guère à de dangereux excès. Le commerce y est très entreprenant, mais très réglé, et dans ses entreprises même les plus hardies, il ne s'égare jamais hors des limites du possible. La circulation des banques notamment y est plus mesurée, plus châtiée, plus correcte, s'il est permis de le dire, qu'elle ne l'est dans aucun lieu du monde. Que si le commerce y a été parfois troublé dans son cours, c'est uniquement parce qu'il ressentait, sans pouvoir y échapper entièrement, le contre-coup des crises dont le siège était ailleurs.

Il n'est donc pas vrai que la multiplicité des banques soit une source de désordres. C'est, au contraire, un correctif. Où est-ce, en effet, que les perturbations commerciales ont toujours commencé à se produire ? C'est à Londres, c'est à Paris, où il existe des banques armées de privilèges exclusifs. Voilà leurs sièges ordinaires. C'est toujours là qu'on les voit éclore, pour étendre ensuite leurs ravages au loin. Quelquefois, il est vrai, l'Union américaine y a bien apporté sa large part, alors surtout qu'elle avait aussi une banque centrale munie de privilèges particuliers, et que, dans la plupart des états dont elle se compose, les restrictions étaient nombreuses ; mais il est hors de doute que les principaux foyers de ces désordres sont toujours en premier lieu Londres, en second lieu Paris.

Ce que l'expérience révèle à cet égard, je vais tâcher de l'expliquer. On va voir comment l'exercice du privilège conduit d'une manière presque inévitable à l'enfantement de crises périodiques. Par ce que j'aurai à dire sur ce sujet, on comprendra mieux aussi le caractère de ces perturbations, dont on se fait en général une idée fausse. Pour mettre cette pensée dans tout son jour, on me permettra de me servir d'abord d'une hypothèse. Il me sera facile de montrer ensuite, par le tableau des principales crises qui se sont produites en Angleterre et en France, jusqu'à quel point cette hypothèse concorde avec la réalité.

I – OPERATIONS D'UNE BANQUE PRIVILEGIEE

Supposons que, dans la ville capitale d'un grand pays, une banque privilégiée se forme avec un capital réalisé de 60 millions. Sa mission est de faire des avances au commerce sous diverses formes, et particulièrement en escomptant les effets solides qui lui sont présentés. Si elle n'opérait qu'avec son propre capital, elle pourrait le prêter tout entier. Dans ce cas, à supposer qu'elle le prêtât à 4 pour 100, sur bonnes garanties, de manière à éviter toute chance de perte, elle obtiendrait comme

Charles Coquelin

produit brut de son capital	2,400,000 fr.
Déduisant pour frais de gestion	300,000
il lui resterait comme produit net	2,100,000 fr.

Ce qui ne laisserait qu'un dividende de 3 1/2 pour 100 à distribuer entre ses actionnaires.

Une telle manière d'opérer serait aussi peu fructueuse pour la banque que pour le public, et comme elle possède la faculté d'émettre des billets payables *au porteur et à vue*, en d'autres termes des billets de circulation, elle en use. Au lieu donc d'escompter les effets de commerce exclusivement avec du numéraire, elle donne en échange ses propres billets. De ces billets, admettons d'abord qu'il en reste dans la circulation pour une valeur égale au capital de la banque, c'est-à-dire 60 millions. Ses avances s'accroissent d'autant, non pas cependant de la somme entière. Pour faire face au paiement des billets qui se présentent, elle est tenue maintenant de garder ordinairement en caisse une partie de son capital, par exemple, une somme de 20 millions. Dans cette situation, voici comment se règle le compte de ses avances et de ses bénéfices :

Avances en numéraire	40,000,000 fr.
En billets	60,000,000
TOTAL	100,000,000 fr.
Intérêt à 4 pour 100	4,000,000 fr.
A déduire pour frais	500,000
Reste	3,500,000 fr.

ou 5 et 8/10es pour 100 du capital.

Cependant l'émission des billets de la banque, en augmentant la somme de ses avances au commerce, n'a pas laissé d'exercer quelque influence sur la distribution du capital ; elle a rendu disponible une partie du numéraire qui avait auparavant ce même emploi. La banque, en se mettant en concurrence avec les capitalistes qui prêtaient leurs fonds au commerce, soit directement, soit par l'intermédiaire des banquiers, a déplacé leurs capitaux. Sans doute, la somme totale des avances faites au commerce a augmenté, mais non pas dans la proportion de cet accroissement. D'ailleurs, les escompteurs particuliers ne peuvent pas prêter aux mêmes conditions que la banque, et celle-ci, même à égalité de conditions, aura toujours la préférence sur eux. Il y a donc ici une certaine masse de capitaux qui se déplace et qui doit chercher ailleurs son emploi. Que devient-elle ? Une partie se porte à la bourse, pour y chercher un placement sur les rentes publiques, dont naturellement le taux s'élève ; une autre partie s'applique à l'achat de toutes les valeurs publiques qui offrent une certaine sécurité. Néanmoins, comme la somme de ces valeurs n'est pas élastique, qu'elle n'augmente pas au gré de la demande, il reste toujours une certaine quantité de capitaux disponibles qui cherchent en vain leur placement. Parmi les propriétaires de ces capitaux, un certain nombre, n'en trouvant pas l'emploi sur l'heure, ou ne jugeant pas les emplois actuels assez avantageux, déposent leur argent à la banque en attendant une occasion. Ainsi, l'encaisse métallique de la banque se grossit par le dépôt d'une parte des fonds qu'elle a déplacés : il s'élève alors, par exemple, de 20 millions à 50, dont 30 millions appartiennent aux déposants. Qu'on veuille bien suivre pas à pas le progrès de ce déplacement ; on verra qu'il doit aboutir après un certain temps, par un enchaînement rigoureux de conséquences, à une crise inévitable.

Fortifiée, en apparence du moins, par cet apport de capitaux étrangers, dont la somme demeure, en temps ordinaire, assez constante, et ne voulant pas voir languir dans l'inaction tout ce numéraire inutile, la banque augmente ses avances au commerce. Elle fait plus : elle engage 40 millions de son propre capital, soit en rentes sur l'état, soit sur d'autres valeurs de même sorte, qui lui rapportent, comme les escomptes, un intérêt de 4 pour 100. Son encaisse se réduit donc à 40 millions, dont 10 seulement lui appartiennent. Néanmoins, son crédit et son influence venant à grandir en proportion du roulement des capitaux entre ses mains, elle se trouve en mesure de faire des émissions de billets plus larges, et les porte, par exemple, à 100 millions, circulation supposée très normale, puisque dans ce cas, elle n'est à l'encaisse métallique que dans le rapport de 2 1/2 à 1.

Dans cette situation, voici le compte de la banque. Elle a placé, tant en avances au commerce qu'en rentes sur l'état, savoir :

En numéraire	50,000,000 fr.
En billets	10000,000
TOTAL	15,000,000 fr.
Intérêt à 4 pour 100	6000,000 fr.
A déduire pour frais	60,000
Reste	5,400,000 fr.

ou 9 pour 100 du capital.

Cependant la nouvelle émission de billets faite par la banque et l'abondance toujours croissante de ses avances au commerce ont augmenté de nouveau la masse du numéraire disponible et la difficulté des placements. La concurrence entre les capitalistes, grands ou petits, devient chaque jour plus vive, sans que de nouvelles occasions se présentent pour utiliser leurs fonds. Leur embarras se trahit déjà par quelques placements irréguliers. L'afflux des capitaux augmente à la bourse ; la rente s'élève et l'intérêt baisse ; l'agiotage commence à s'en mêler, et le jeu absorbe une partie des fonds inoccupés : le reste va chercher un refuge à la banque, en attendant une meilleure chance ; la masse des dépôts s'élève de 50 millions à 80. Pour compléter ce tableau, il faudrait ajouter qu'à mesure que la masse des fonds disponibles augmente chez les particuliers, elle augmente ordinairement aussi entre les mains de l'état, en sorte que le trésor public, qui est en compte courant avec la banque, lui verse en même temps d'assez notables excédants ; on peut néanmoins omettre cette circonstance, qui n'est pas absolument nécessaire à nos calculs.

Une fois que la somme des dépôts confiés à sa garde s'élève à ce point, la banque se croit dispensée de rien garder de son propre capital. Aussi le place-t-elle tout entier, soit en rentes, soit en bons du trésor, faisant ainsi concurrence aux capitalistes dans la seule voie qui leur reste et avec leurs propres fonds. La voilà donc n'opérant plus, dans ses prêts et ses escomptes, qu'avec les fonds d'autrui. Son encaisse néanmoins s'élève à 80 millions, non compris les fonds déposés par le trésor public. Dans cette situation, pourquoi n'élèverait-elle pas de nouveau ses émissions ? Elle les porte donc de 150 millions à 200, chiffre toujours très normal, puisqu'il n'est à l'encaisse effectif que dans le rapport de 2 1/2 à 1. Dans ce cas, le compte de ses placements et de ses bénéfices se règle ainsi :

En numéraire	60,000,000 fr.
En billets	200,000,000
TOTAL	260,000,000 fr.
Intérêt à 4 pour 100	10,400,000 fr.
A déduire pour frais	800,000
Reste	9,600,000 fr.

Une chose frappera d'abord dans ce système, c'est la révoltante inégalité qu'il engendre. Pendant que les actionnaires de la banque, sans courir aucune chance sérieuse, perçoivent des dividendes de 16 pour 100 [4], les malheureux capitalistes dont la banque emploie les fonds pour son usage ne perçoivent rien du tout, ou s'ils trouvent ailleurs, après beaucoup de peines et de démarches, quelque placement aventureux, ils ne recueillent, au milieu de beaucoup de chances de perte, que de très maigres intérêts. Ai-je besoin de dire aussi que ce système nourrit l'agiotage, les jeux de bourse, en ôtant tout autre emploi aux capitaux ? Mais ce qui doit nous occuper avant tout, c'est le danger imminent qu'un tel état de choses fait naître.

Lorsque les émissions de la banque sont arrivées à un certain degré, la masse des capitaux disponibles et cherchant un placement devient énorme, non pas, il est vrai, dans toute l'étendue du pays, car il n'existe pas de moyens réguliers pour les y répartir, mais dans tout le rayon sur lequel la banque agit, et particulièrement dans la ville même où elle siège. Il s'y manifeste un engorgement tel, qu'on ne sait plus littéralement que devenir avec ses fonds.

Charles Coquelin

Les capitalistes, petits ou grands, se battent sur place ; toutes les valeurs publiques s'avilissent ; la bourse nage dans l'or. Par une conséquence naturelle, l'afflux des dépôts à la banque augmente toujours. On pourrait donc étendre plus loin ces hypothèses, supposer, par exemple, des émissions de 250 millions, comme celles de la Banque de France, ou de 400 millions et plus, comme celles de la banque de Londres, mais à quoi bon ? Ce qui précède suffit pour montrer la tendance irrésistible des faits, et on entrevoit déjà les conséquences. Quand les choses sont arrivées à ce point, on peut dire à coup sûr que le moment de la crise approche.

Comment se fait-il, dira-t-on, que tout ce numéraire surabondant ne s'écoule pas à l'étranger ? Il s'en écoule certainement une grande partie ; mais comment ? Ce n'est pas par le canal des capitalistes auxquels appartient le droit d'en disposer, car ces capitalistes, occupés seulement à chercher autour d'eux un placement pour leurs épargnes, n'ont aucune relation avec l'étranger : c'est par le canal du commerce, auquel il a été prêté par la banque. Voici d'ailleurs comment cet écoulement au dehors s'opère, sans que les commerçants même s'en doutent. Par suite de l'abondance du numéraire sur place, la demande des marchandises augmente et les prix s'élèvent. Ces prix devenant ainsi, pour un temps, un peu supérieurs aux prix étrangers, l'exportation des marchandises indigènes diminue, et l'importation des marchandises étrangères augmente. Les différences sont payées en monnaie [5], jusqu'à ce que le trop plein en numéraire effectif ait cessé.

Considérée en elle-même, cette exportation du numéraire ne serait point un mal ; loin de là, ce serait un bienfait réel. Au lieu de garder inutilement dans ses mains toute cette masse de monnaie stérile, le commerce irait la convertir ait dehors en matières brutes, en instruments de travail, en marchandises de toutes les sortes, qui viendraient s'ajouter au capital productif du pays. Quoi de plus favorable à l'accroissement du bien-être général ! Malheureusement, dans l'hypothèse où nous sommes placés, ce numéraire exporté reste dû aux capitalistes qui l'ont déposé en compte courant à la banque ou entre les mains de leurs banquiers particuliers ; il peut être réclamé par eux à toute heure, et il le sera certainement un jour si quelque grande occasion de placement vient à s'offrir. Alors il faudra le rappeler de plus loin, et on peut concevoir avec quels embarras. Ainsi, cette exportation, qui, faite dans d'autres conditions, serait une source de grands avantages, devient ici l'occasion d'un grand péril.

Quoi qu'il en soit, on voit bien que l'écoulement de ce numéraire au dehors ne change rien à la situation, en ce sens qu'il ne diminue pas la somme des placements à faire. Si les capitalistes n'ont pas effectivement ce numéraire entre leurs mains, ils sont toujours censés l'avoir, soit dans les caves de la banque, où ils peuvent le reprendre à volonté, soit dans les caisses de leurs banquiers, d'où ils peuvent le retirer également à très courts termes. Ils n'en sont donc pour cela ni moins embarrassés ni moins pressants. Ainsi, loin que l'émigration du numéraire ait corrigé en cela le trop plein qui se faisait sentir, elle n'a fait qu'y ajouter un danger de plus. Il y a un moment, en effet, où l'engorgement des capitaux devient tel sur la place, qu'il faut bien qu'on leur trouve un emploi à tout prix. Les détenteurs ne peuvent pas se résigner éternellement à n'en toucher aucun intérêt, ou à ne percevoir, au moyen d'un placement éventuel et précaire, que des intérêts dérisoires de 2 et demi à 3 pour 100. Ils appellent donc à grands cris ces débouchés qu'ils ne trouvent pas. Alors, c'est tout simple, les faiseurs de projets leur viennent en aide, et le génie de la spéculation s'éveille.

On a coutume de se récrier bien fort en pareil cas, et contre les inventeurs de projets, et contre ceux qu'on appelle leurs dupes. Comme de raison, les directeurs de la banque sont toujours les premiers à donner l'exemple de ce *tolle* général. De bonne foi cependant, si le tableau que je viens de tracer est exact, un tel état de choses peut-il se prolonger sans terme, en s'aggravant toujours ? La banque ne demanderait pas mieux sans doute, elle dont les bénéfices s'accroissent sans cesse et qui fait, pour ainsi dire, argent de tout ; mais il n'en saurait être de même de ceux qu'elle déshérite. Et quant aux spéculateurs dont les capitalistes suivent la fortune, sont-ils donc si coupables eux-mêmes de céder à tant d'invitations pressantes qu'on leur adresse ? On imagine donc des plans gigantesques pour ouvrir de larges débouchés à tous ces fonds inoccupés. Le premier venu donne le branle, et tout le reste suit. De toutes parts, de grandes entreprises sont projetées, tantôt pour l'exploitation de mines de houille, tantôt pour la construction d'un vaste réseau de chemins de fer, quelquefois pour le défrichement de terres incultes, ou bien encore, si c'est en Angleterre que la scène se passe, pour l'exploitation en grand des mines d'or ou d'argent du Nouveau-Monde. Tous ces projets sont accueillis avec transport. Il n'est pas alors d'entreprise si grande dont on s'effraie : au contraire, les plus vastes, les plus hardies, sont celles qui ont le plus de chances de succès, parce qu'elles répondent le mieux au vrai besoin de la situation. Les listes de souscription s'ouvrent et se remplissent en un clin d'œil. Tout le monde s'y porte : les capitalistes parce qu'ils sont trop heureux de trouver enfin ce débouché tant attendu, les industriels et les commerçants par esprit d'imitation, et parce que les facilités qu'ils ont trouvées jusque-là pour l'escompte de leurs billets leur permettent de détourner quelque argent de leur commerce.

Bientôt donc les sociétés sont constituées et les appels de fonds commencent. Alors apparaît le revers de la médaille, et de toutes parts les embarras surgissent. Chacun se hâte de rappeler ses capitaux. Celui-ci court à la banque, où il les tenait en réserve ; celui-là chez son banquier, où ils ne rapportaient que de très médiocres intérêts. Le banquier, dont la caisse se vide, s'adresse lui-même pour la remplir au réservoir commun, la banque, soit en rappelant une partie des fonds qu'il y avait en compte courant, soit en présentant à l'escompte un plus grand nombre d'effets. Ainsi, l'encaisse métallique de la banque est entamé de toutes parts. Un premier mois, on en retire dix millions, un second mois dix autres, un troisième mois autant, puis encore, et toujours, de manière que cette réserve si large se fond à vue d'œil. Pour comble de malheur, c'est toujours dans le même temps que les besoins de l'état augmentent, parce qu'il éprouve la réaction de la disette qui se manifeste ailleurs. Le trésor public retire donc ses dépôts en même temps que les particuliers. De 200 millions, en comprenant les fonds de l'état, l'encaisse métallique de la banque tombe à 60, à 40, à 30, et peut-être au-dessous en quelques mois. Hier, il excédait de beaucoup le tiers de ses obligations, situation brillante, où il y avait même exubérance de force, pléthore ; aujourd'hui, il n'en égale plus le neuvième, car la banque doit encore 30 millions de dépôts et 250 millions de billets, situation tout-à-fait anormale, impossible à maintenir, et qui appelle à grands cris de prompts remèdes.

Que fera cependant la banque pour en sortir ? Dans les premiers temps, elle essaie de faire tête à l'orage. Elle multiplie ses escomptes, tant parce qu'on lui présente en réalité, comme on vient de le voir, un plus grand nombre d'effets, que parce qu'elle espère satisfaire ainsi les nouveaux besoins qui se révèlent. Elle émet aussi un plus grand nombre de billets ; mais, comme la circulation en a déjà tout ce qu'elle en peut contenir, elle les rejette : à peine émis, ces billets se présentent au remboursement, et contribuent avec tout le reste à diminuer la réserve, qui décline toujours. L'alarme se répand dans le public, et la banque commence à trembler pour elle-même. Elle pourrait vendre des rentes ; mais elle les vendrait nécessairement en baisse. En effet, toutes les valeurs ont fléchi, parce que la demande est moindre. Hier, chaque portion de capital créait deux acheteurs : le propriétaire de ce capital et la banque, qui s'en servait en attendant. Aujourd'hui, ils ont disparu l'un et l'autre ; il y a deux acheteurs de moins et un vendeur de plus. Ainsi tous les fonds baissent rapidement : déjà même la bourse a vu quelques désastres. Le moyen de songer à vendre quelque 50 à 60 millions de rentes dans un pareil moment ! Il faut recourir aux expédients. Heureuse la banque si, dans cette situation critique, elle trouve à point nommé un souverain étranger qui la débarrasse de ses rentes, ou une banque d'un état voisin qui lui vienne en aide par un prêt, ou enfin quelque amas de vieilles pièces démonétisées, ou de lingots oubliés dans un coin, qu'elle puisse immédiatement convertir en numéraire !

Quand le cercle des expédients a été épuisé sans succès, et c'est le cas ordinaire, on en vient enfin au grand, au suprême remède. On prend une résolution désespérée. La banque resserre tout à coup ses escomptes, soit en élevant brusquement le taux de l'intérêt, soit en refusant une grande partie des effets qu'on lui présente. C'est le coup de grâce pour le commerce. Alors la mine éclate, et le sol se couvre de ruines. La débâcle est générale. Les entreprises nouvelles, commencées sous de si brillants auspices, avortent, parce que les versements s'arrêtent ; les avances faites, les travaux commencés sont perdus. En même temps, un grand nombre de maisons anciennes s'écroulent toutes les autres sont ébranlées. C'est un désarroi universel.

Pour la banque cependant, le remède employé est efficace. Il semble d'abord qu'elle devrait être entraînée dans le commun naufrage ; mais non : il n'y a de sacrifiés que les malheureux qui avaient étendu leurs opérations sur la foi des crédits accordés par elle, et qui avaient cru pouvoir compter sur la continuité de son appui. Dès l'instant que tout est par terre, entreprises nouvelles et maisons anciennes, les capitalistes, désabusés de leurs rêves, voyant tout chanceler autour d'eux, n'osant plus se fier à rien ni à personne, se hâtent de ramasser les débris de leur avoir, et les rapportent à la banque, dont la haute position peut seule les rassurer. N'est-ce pas là l'établissement unique, l'établissement privilégié que le gouvernement protège ? Auquel avoir confiance, si ce n'est en celui-là ? Ainsi l'accumulation des dépôts recommence pour aboutir, quelques années plus tard, aux mêmes résultats. On conçoit cependant que si, dans un pareil moment, il survenait quelque événement imprévu, quelque grande commotion politique, la banque pourrait se voir entraînée elle-même, à moins que, pour réparer ses fautes, on ne l'autorisât à suspendre ses paiements en numéraire, en donnant à ses billets un cours forcé.

Voilà donc les conséquences naturelles de ce système d'une banque privilégiée. Son premier fruit est une révoltante inégalité dans la répartition des bénéfices ; son dernier résultat, une catastrophe. Il donne tout aux uns, et rien aux autres ; il dépouille ceux-ci pour enrichir ceux-là, et, loin de compenser ce vice profond en offrant au public une sécurité plus grande, il l'environne, au contraire, de pièges et de périls. Il trompe le commerce, en ne l'excitant aujourd'hui que pour l'abandonner demain ; il l'induit dans des opérations qu'il ne lui permet pas ensuite de soutenir, et, par-là, il l'expose à d'incalculables pertes : système odieux, inqualifiable, qu'un pays civilisé aurait honte d'avoir supporté un seul jour, s'il en comprenait bien tous les abus !

Si l'on demande maintenant comment la liberté d'instituer de nouvelles banques pourrait faire disparaître tous ces inconvénients, il me semble que la réponse est simple. Du jour où, par l'effet des émissions de la première banque, il y aurait sur la place une certaine quantité de capitaux disponibles, les propriétaires de ces capitaux se réuniraient pour former une seconde banque et partager les bénéfices de l'autre, en entreprenant le même commerce. Dès-lors cesseraient et l'inégalité que nous remarquions tout à l'heure dans la répartition des bénéfices et le danger d'un engorgement sur place, aussi bien que celui du retrait subit des dépôts. Les avances faites au commerce seraient tout aussi fortes, sinon plus considérables : il v aurait seulement cette différence capitale, que, ces fonds étant désormais prêtés par ceux à qui ils appartiennent, ils ne seraient plus sujets à ces rappels désastreux qui sont la ruine de toute industrie honnête. Avant de faire ressortir les conséquences de ce nouvel ordre de choses, il importe de montrer, par l'exemple de l'Angleterre et de la France, que tout ce qui précède n'est pas une hypothèse gratuite.

II. – LES CRUSES CILLERCUAKES EN FRANCE

Considérées dans leurs circonstances particulières et leurs détails, les crises commerciales qui ont éclaté en divers temps en France et en Angleterre ont chacune leur caractère propre ; mais, considérées dans leurs caractères dominants et par rapport aux causes premières qui les engendrent, elles se ressemblent toutes. La plus récente de ces crises, celle de 1846-47, sera notre terme de comparaison.

En 1844, voici quelle était la situation de la Banque de France. Ses escomptes, y compris les avances diverses, sur rentes, lingots, etc., s'étaient élevés à la somme de 809,257,949 francs. Ce chiffre était un peu inférieur à celui des années précédentes ; aussi la Banque se plaignait-elle amèrement. Les escompteurs particuliers, disait-elle, en prêtant leurs fonds à moins de 4 pour 100, taux fixé pour ses escomptes à elle, lui enlevaient une partie des effets du commerce et, restreignaient le champ de ses opérations. Par conséquent, ses bénéfices avaient fléchi. En effet, elle n'avait réalisé, cette année-là, qu'un modeste intérêt de 9 pour 100, non compris cependant les rentes acquises avec son capital, et qui lui procuraient une recette annuelle de 4,952,585 francs, ce qui élevait bien à 16 pour 100 le chiffre définitif des dividendes acquis à ses actionnaires. C'était trop peu aux yeux des directeurs. Pendant ce temps, il est vrai, les simples capitalistes étaient obligés de se contenter de quelque 3 pour 100 péniblement perçus sur les fonds qu'ils plaçaient, non sans quelque risque, chez des banquiers particuliers, afin que ces derniers pussent escompter à un taux égal ou inférieur à celui de la Banque, ou bien, s'ils les déposaient, pour plus de sûreté, dans les caves mêmes de la Banque, ils devaient se résigner à ne rien percevoir du tout. La Banque, néanmoins, accoutumée à de meilleurs partages, trouvait cette condition fort dure pour elle, et aspirait à voir ses bénéfices grossir. Ses vœux ne tardèrent pas à se réaliser. Voici la gradation ascendante que suivirent, dans les années 1844, 1845 et 1846, les opérations de l'établissement central, non compris celles des comptoirs :

Années	Escomptes et avances	Produits	Dividendes
1844	809,257,949 fr	6,124,510 fr.	9 pour 100.
1845	1,101,408,383	8,441,478	12,4
1846	1,294,264,462	9,809,206	14,4

Ainsi, les avances de la Banque s'élevèrent successivement de 809 millions en 1844 à 1,294 millions en 1846. De 9 pour 100, ses bénéfices s'élevèrent à 14,4, toujours sans y comprendre les 4,952,585 fr. de rente annuelle qu'elle percevait tranquillement sur son capital, tandis qu'elle faisait valoir dans son commerce les fonds d'autrui.

Pendant que le chiffre des escomptes grossissait ainsi d'année en année, la caisse de la Banque se maintenait pourtant dans un état très florissant, au milieu de circonstances d'ailleurs défavorables. Malgré la disette des céréales, qui avait nécessité, dès le commencement de 1846, une large exportation de numéraire, le solde des espèces était, à la fin du premier trimestre de cette dernière année, de 202,530,000 francs situation brillante en apparence, et qui semblait devoir rassurer contre toutes les éventualités. Malheureusement, cette somme se composait presque exclusivement de capitaux étrangers, tous sujets à rappel, tous placés là dans l'attente de quelque emploi futur, et qui pouvaient être retirés en masse aussitôt qu'une grande occasion de les utiliser viendrait s'offrir. Ne reconnaît-on pas là le trait caractéristique de cette situation extraordinaire que le privilège enfante ? Faut-il s'étonner qu'avec de semblables conditions les embarras surgissent ?

Au surplus, personne n'a mieux indiqué les vices et les périls de cette situation anormale que ne l'ont fait les censeurs mêmes de la Banque dans leur rapport de 1847. « Depuis quelque temps, disent-ils, on reprochait à la Banque de laisser improductifs des capitaux considérables, et de faire un usage trop modéré de l'immense crédit que lui avaient fait acquérir la sagesse, l'ordre et la régularité de ses opérations. On ne lui tenait pas compte des ressources extraordinaires que nécessitait le développement successif qui caractérise sa marche et celle de ses comptoirs depuis plusieurs années. *On semblait ignorer que les sommes considérables renfermées dans les caves et caisses de la Banque appartenaient, en grande partie, aux comptes courants du public et principalement à celui du trésor ; qu'elle n'en était que la gardienne, et que ses devoirs lui faisaient une loi de surveiller et conserver ce dépôt qui lui était confié, et que des circonstances fortuites et indépendantes de sa volonté pouvaient lui faire retirer inopinément. Ces prévisions, qui avaient frappé l'esprit de vos administrateurs, se sont malheureusement réalisées.* » Il est impossible de mettre avec plus de précision le doigt sur la plaie, de mieux signaler l'abus et d'en faire apercevoir plus clairement les conséquences. Seulement les censeurs étaient ici trop modestes : ce n'était pas une *grande partie*, c'était *la totalité* de l'encaisse de la Banque qui se composait de fonds étrangers ; tous sujets à être retirés au premier jour.

Si l'on y prend garde, il y avait là un double mal : d'une part, une masse considérable de capitaux qui demeurait stérile, et de l'autre, malgré l'exagération de cette réserve, le danger imminent d'un découvert. Certes, ils avaient bien raison ceux qui se plaignaient de voir tant de fonds dormir improductifs, tandis que le commerce aurait trouvé tant d'avantages à les utiliser ; mais la Banque n'avait pas tort non plus lorsqu'elle prétendait ne pouvoir les employer sans péril. Peut-être même aurait-elle dû tenir un peu plus de compte qu'elle ne l'a fait de cette prévision trop légitime. C'est qu'en effet le privilège exclusif accordé à un établissement unique avait créé une situation fausse, où il n'y avait qu'à choisir entre deux maux, sans pouvoir même éviter entièrement ni l'un ni l'autre, ou de laisser une masse énorme de capitaux sans emploi, ou de courir tête baissée vers les désastres. Supposez, au contraire, qu'il eût été permis d'établir une seconde banque, opérant de la même manière que l'autre : le nouvel établissement, venant composer son fonds social précisément d'une partie de ces capitaux inoccupés,

Charles Coquelin

les aurait prêtés au commerce, dont il aurait augmenté d'autant les ressources, et comme cette fois ils n'auraient pas été sujets à rappel, puisqu'ils auraient été prêtés au nom et pour le compte de leurs véritables propriétaires, tout danger d'une crise aurait immédiatement disparu.

Dans la position où la Banque s'était mise, ce qui devait arriver arriva. Déjà les projets de chemins de fer élaborés depuis longtemps avaient ouvert une voie nouvelle et même trop large aux capitaux dormants. Le moment était attendu où ils trouveraient là un placement certain. Avec un peu plus de prévoyance, les directeurs de la Banque auraient pu voir arriver de loin ce moment critique, et peut-être qu'avec un peu d'attention et de vigilance, ils en auraient en partie détourné l'effet ; mais l'attention et la vigilance ne sont pas le partage ordinaire des établissements privilégiés. Trop heureuse de l'accroissement continu de ses escomptes, qui lui présageait une année fructueuse et des dividendes superbes, la Banque ne regarda pas au-delà et poursuivit sa marché, sans s'inquiéter de l'orage qui se préparait dans le lointain. Bientôt les versements dans les compagnies de chemins de fer commencèrent à s'effectuer, et, vers le milieu de l'année, le retrait des fonds versés à la Banque devint sensible. Le solde des espèces, qui s'était maintenu, à la fin du deuxième trimestre, au chiffre de 202,894,000 f., tomba, à la fin du troisième, à 174,469,000. A l'expiration de l'année, il n'était plus que de 71,040,200 fr., ce qui faisait une décroissance de plus de 131 millions en six mois. Voici, au surplus, le tableau des diminutions successives de l'encaisse, tel qu'il est présenté dans le rapport même du gouverneur.

Dans le mois de juillet, les encaisses ont diminué de	17,538,000 fr.
En août, de	2,904,000
En septembre, de	27,211,000
En octobre, de	53,164,000
En novembre, de	43,235,000
En décembre, de	18,191,000

Et enfin du 1er au 14 janvier 1847, de	10,604,000
TOTAL	172,847,000 fr.

Telle était donc la situation de la Banque à l'expiration de l'exercice 1846 et au début de l'année 1847 ; situation tellement fausse, tellement critique, que pour tout établissement non privilégié elle eût infailliblement abouti à une chute complète.

Que fit la Banque pour en sortir ? Selon l'expression des censeurs, des mesures de haute prévoyance furent jugées nécessaires, ce qui veut dire qu'on eut recours aux expédients. La Banque acheta d'abord du trésor, moyennant une prime, 15 millions de pièces démonétisées (de 15 et de 30 sous), restées en dépôt dans ses caisses, et qu'elle fit affiner pour les convertir en espèces courantes ; elle se procura, en outre, sur la place et en province, 4 ou 5 millions de matières d'or et d'argent ; elle fit enfin aux capitalistes anglais un emprunt de 25 millions, dont le produit lui arriva sous la forme de lingots d'argent et de piastres, qu'elle fit immédiatement frapper à la Monnaie de Paris : expédients misérables, assez clairement marqués au coin de l'imprévoyance et du désordre. Toutes ces mesures ne paraissant pourtant pas devoir suffire encore, on en vint enfin à un parti plus décisif. On se résigna *à demander au commerce quelques sacrifices passagers* (ce sont les termes du rapport), et le taux de l'escompte fut brusquement porté de 4 à 5 pour 100. C'était, en effet, au commerce qu'il appartenait en fin de compte de réparer à ses dépens les fautes que la Banque avait commises : heureux encore s'il en avait été quitte pour un exhaussement momentané du taux de l'escompte, et si le discrédit général, conséquence naturelle de tous ces embarras flagrants, ne lui avait pas porté de bien plus graves atteintes

Malgré tous ces expédients et tous ces sacrifices, la crise n'était pourtant pas à son dernier terme. Comme les directeurs de la Banque l'avaient prévu, le retrait des espèces ne s'arrêta pas à la fin de l'année 1846 ce n'est même que dans les premiers mois de 1847 que le mal apparut dans toute sa gravité. Pour y parer, il fallut redoubler les mesures de prévoyance et aviser à de nouveaux expédieras. Aussi eut-on lieu de s'applaudir lorsqu'au commencement de mars, par un hasard tout providentiel, l'empereur de Russie fit acheter à la Banque 50 millions de rentes, dont assurément, dans la position critique où se trouvait la place, elle n'aurait pu se défaire à Paris sans y produire un nouvel ébranlement. Était-ce assez d'expédients ? Pour sauver la situation, il ne fallut donc pas moins que l'appui de deux gouvernements et celui des capitalistes anglais, sans lequel la Banque de France, malgré la brillante position dont elle se flattait naguère, n'eût peut-être pas échappé dès-lors à une suspension complète de ses paiements.

Enfin, la dépréciation extraordinaire de toutes les valeurs négociables et de la plupart des marchandises ayant ramené les espèces qui avaient pris leur cours au dehors, la crise perdit peu à peu de son intensité, non pourtant sans que le commerce eût éprouvé, par la difficulté des crédits, par l'exhaussement de l'intérêt, et surtout par la dépréciation de toutes les valeurs dont il était en possession, d'incalculables pertes. Dans cette même année 1846, où la Banque a réalisé de si beaux bénéfices, les faillites ont été nombreuses dans le commerce, et la coïncidence de ces deux faits n'a rien qui doive surprendre après ce qu'on a vu plus haut. A Paris seulement, on a compté, du 1er août 1846 au 31 juillet 1847, 1,139 faillites, avec un passif total de 68,474,803 francs. On pense bien, d'ailleurs, que le chiffre déjà si considérable de ce passif ne représente encore qu'une faible partie du dommage souffert.

Telles sont les conséquences du privilège dans toute leur vérité. Qu'on ne dise pas que la crise doit être attribuée à d'autres causes, par exemple, à l'emportement de la spéculation sur les actions de chemins de fer. Sans doute, c'est là la cause immédiate ; mais cet excès de la spéculation, n'est-ce pas le privilège de la Banque qui l'a provoqué, en fermant aux capitalistes les voies ordinaires dans lesquelles ils auraient pu trouver l'emploi régulier de leurs fonds ? Au dire du gouverneur de la Banque, il faudrait s'en prendre surtout à la disette des céréales. Pourtant une importation de 2 millions 500,000 hectol. de grains, dans le premier semestre de 1846, n'avait exercé, de l'aveu du gouverneur lui-même, aucune action visible sur les réserves de la Banque, qui s'étaient même élevées, pour l'établissement de Paris et pour les succursales, de 208 millions à 252, et dans le second semestre, où cette importation n'a pas excédé le chiffre de 2,264,000 hectolitres, les réserves ont baissé de 172 millions. Il est évident, quelles qu'aient pu être à d'autres égards les malheureuses conséquences de la disette, que le principe de la crise financière n'est pas là. Au surplus, la spéculation sur les chemins de fer eût-elle été même plus ardente, et la disette des céréales eût-elle provoqué accidentellement des envois exceptionnels de numéraire à l'étranger, tout cela n'eût pas ébranlé la Banque, et avec elle le commerce tout entier, si cet établissement s'était trouvé dans une meilleure assiette ; mais, dans la position où il s'était finis, il était inévitable qu'un peu plus tôt, un peu plus tard, il se trouvât en face d'un embarras sérieux.

Je me suis étendu sur cette crise de 1846-47, parce qu'elle nous touche encore de près et qu'elle n'a pas été sans influence sur les événements qui ont suivi. Qu'on ne pense cependant pas qu'elle offre rien d'exceptionnel dans son développement ou dans sa marche. Toutes celles que la France a subies depuis l'établissement définitif de la Banque, par exemple, eu 1811, en 1819, en 1825-26 et en 1837, ont eu, sauf quelques particularités accidentelles, un caractère pareil ; elles ont été précédées et suivies des mêmes circonstances, tant il est vrai que la cause première ne change pas. Chaque fois on voit le chiffre des escomptes de la Banque grossir d'année en année, aussi bien que le chiffre de ses bénéfices, et ce symptôme de prospérité annonce infailliblement une crise prochaine. Voici, par exemple, les résultats pour les cinq années 1807 à 1811 :

Années	Effets escomptés	Produits
1807	333,267,000 fr	2,456,200 fr
1808	557,495,000	4,152,400
1809	545,446,000	4,243,800
1810	715,038,000	6,057,700
1811	391,162,000	4,791,100

Ainsi, le total des effets escomptés, qui n'avait été, en 1807, que de 333,267,000 francs, s'éleva, en 1810, à la somme comparativement énorme de 715,038,000 francs. Le chiffre des bénéfices avait presque triplé dans le même temps. C'était le présage certain d'embarras graves, qui se manifestèrent, en effet, à la fin de 1810, pour retomber sur l'année suivante.

Charles Coquelin

Il en fut de même par rapport à la crise de 1819, précédée et accompagnée de circonstances absolument pareilles. Voici les résultats des cinq années depuis 1815 :

Années	Effets escomptés	Produits
1815	203,565,000 fr.	1,278,400 fr.
1816	419,996,000	3,203,600
1817	547,451,000	4,608,300
1818	615,999,000	4,848,200
1819	387,429,000	2,692,100

Ici encore on voit la somme totale des escomptes grossir d'année en année, et s'élever à un chiffre exceptionnel dans l'année même qui précède ou qui détermine la crise. Le maximum et le minimum des effets en portefeuille s'élèvent également, aussi bien que les produits, qui, de 1,278,400 f. en 1815, arrivent progressivement au chiffre de 4,848,200 f. en 1818. Mêmes résultats par rapport à la crise de 1825-26, survenue après dix ans de paix. Le total des escomptes, qui avait été, en 1821, de 384,645,000 fr., s'éleva, en 1824, à 489,346,000 fr., et en 1825, année même où les embarras commencèrent à se manifester, à 638,249,000 fr. Ainsi, chaque fois les escomptes de la Banque grossissent d'une manière inusitée, ses bénéfices s'élèvent dans la même proportion, et ce double résultat, en apparence si favorable, est le présage certain d'un prochain désastre.

A voir la coïncidence invariable des mêmes faits, il n'est guère permis de se méprendre sur la véritable cause de ces perturbations. C'est bien évidemment à l'augmentation inusitée des escomptes de la Banque que le désordre se rattache : on verra d'ailleurs ces inductions confirmées par des exemples pris hors de notre pays. Est-ce à dire pour cela que l'extension des crédits accordés au commerce soit par elle-même un mal ? Il n'est pas permis de le croire quand on a observé avec quelque attention ce qui se passe là où le commerce de banque est libre, et d'ailleurs, cela répugne à la raison. Non : cette extension des crédits n'a par elle-même que de salutaires effets. C'est le monopole seul qui engendre ici l'abus en créant une position doublement fausse : fausse pour les capitalistes, qu'il met dans l'impossibilité d'utiliser régulièrement leurs capitaux ; fausse encore pour la Banque, qu'il induit à n'opérer plus qu'avec les capitaux d'autrui. Otez ce principe de désordre en proclamant hautement la liberté des banques, et il ne restera plus de l'usage du crédit que ses bienfaits.

III. – LES CRISES COMMERCIALES EN ANGLETERRE

En Angleterre, où le crédit et les banques ont joué depuis longtemps un si grand rôle, on compte par centaines, sinon par milliers, les écrits publiés sur cette importante matière. Et comme les vices inhérents au système anglais ont malheureusement engendré bien des crises, l'étude de ces phénomènes y occupe naturellement une large place. Parmi les plus récents de ces écrits, on distingue ceux de MM. Ch. Tooke, Lloyd, du colonel Torrents, et particulièrement celui de M. J. Wilson, rédacteur de l'*Economist* et membre du parlement [6]. Quel que soit pourtant le mérite de plusieurs de ces écrits, où l'on rencontre souvent des vues ingénieuses et quelquefois des réflexions profondes, j'ose dire que les auteurs se sont presque toujours égarés, non faute de savoir, mais plutôt par une trop grande subtilité dans leurs recherches. Leur principal tort est peut-être de trop s'appesantir sur les circonstances particulières des crises commerciales, sans en étudier assez le caractère général et dominant, de les considérer dans leurs diversités plutôt que dans leurs ressemblances, et par conséquent de s'arrêter presque toujours aux causes immédiates ou secondaires qui les déterminent, au lieu de remonter à la cause primordiale qui les engendre. Un écrivain américain, M. H.-C. Carey, de Philadelphie, déjà connu par d'excellents ouvrages, me paraît avoir été, à cet égard, plus heureux que les écrivains anglais [7]. Peut-être aussi que ces derniers, placés trop près des événements et mieux posés pour en saisir les détails, n'ont pu, par la même raison, embrasser aussi facilement l'ensemble.

Déjà, dès l'année 1838, M. H.-C. Carey avait montré clairement la cause première de ces perturbations, dont le retour est presque périodique. Cette cause, on le comprend, n'est pas différente en

Angleterre de ce qu'elle est en France, et c'est tout simple, puisque le régime des deux pays est le même, sauf toutefois que la banque privilégiée de Londres opère sur une bien plus grande échelle que la Banque de France, et qu'elle rencontre un plus grand nombre d'institutions secondaires dans les provinces. On va voir que les faits et les chiffres ne sont pas moins significatifs de l'autre côté du détroit que de ce côté-ci ; mais, pour rendre ces faits et ces chiffres encore plus concluants, il faut y ajouter un élément de plus. Malgré les indications si claires de l'expérience, un grand nombre d'hommes s'obstinent, en Angleterre, à voir la cause première du mal dans l'abus des émissions de billets qui, à certaines époques, excéderaient les justes bornes et viendraient jeter le trouble dans la circulation. C'est dans cette pensée que, dès l'année 1826, on avait interdit à toutes les banques anglaises l'émission des billets de moins de 5 livres sterling ; c'est encore dans le même esprit qu'a été proposé par sir Robert et adopté par le parlement le fameux bill de 1844, qui limite en de certaines conditions les émissions des banques anglaises. Il faut donc montrer comment se gouvernent ces émissions de billets. On verra que, si elles avaient été assez ir-régulières jusqu'en 1826, époque où il n'existait dans les provinces anglaises que des banques privées (*private banks*), composées de moins de six associés, elles sont devenues, au contraire, depuis la propagation des *joint-stock banks*, si bien réglées, si stables, qu'on y remarque à peine quelques différences sensibles, même aux époques des plus graves perturbations.

Voici d'abord comment la circulation de la banque de Londres, ses escomptes, ses dépôts et son encaisse métallique se sont gou-vernés aux approches de la terrible crise de 1825-26.

	Billets de moins de 5 liv.	Billets de plus de 5 liv.	Dépôts.	Portefeuille.	En caisse.
Août 1822	855,330 liv.	16,609,460 liv	6,399,440 liv	17,290,510 liv.	10, 097,960 liv.
Fév. 1823.	681,500	17,710,740	7,181,100	18,319,730	10,384,230
Août 1823	548,480	18,682,760	7,827,350	17,467,370	12,658,240
Fév. 1824	486,130	19,250,860	10,097,850	18,872,000	13,810,060
Août 1824	443,140	19,688,980	9,679,810	20,904,530	11,787,470
Fév. 1825	416,730	20,337,030	10,168,780	21,951,330	8,779,100

Charles Coquelin

Août 1825	396,343	19,002,500	6,410,560	25,106,030	3,634,320
Fév. 1826	1,375,350	24,092,660	6,935,940	32,918,580	2,459,510

Que voyons-nous dans ce tableau ? D'abord, le portefeuille, c'est-à-dire la somme des avances faites par la banque, s'élève graduellement de 17,290,510 liv. en 1822, à 25 millions vers le milieu de 1825, époque qui précède immédiatement la crise, et à plus de 32 millions au commencement de 1826, au moment même où la crise éclate. N'est-il pas sensible que ce développement croissant des escomptes avait dû déplacer et rendre disponible une masse considérable de fonds particuliers, en les déshéritant de leur emploi ? On peut en juger d'ailleurs par l'accroissement continu des dépôts qui s'élevèrent, en février 1825, à 10,168,780 liv., chiffre énorme, si l'on considère que ces dépôts ne rapportaient rien à leurs possesseurs.

Un tel état de choses était bien fait sans doute pour surexciter la spéculation ; aussi ne faut-il pas s'étonner qu'elle se soit éveillée de toutes parts. Écoutez cependant les écrivains anglais : ils vous diront toutes les causes particulières qui l'ont provoquée ; ils n'en oublieront qu'une seule, celle qui domine les autres. Voici, par exemple, comment s'exprime sur ce sujet M. J. Wilson, dont l'ouvrage se distingue pourtant par d'éminentes qualités. « Dans le cours de l'année 1824, deux sortes de circonstances tendirent à produire une excitation à la spéculation. Le grand succès qui avait suivi tous les prêts faits pendant les cinq années antérieures aux divers états du continent, sauf une seule exception, et le haut prix auquel les fonds étrangers s'étaient élevés, avaient créé parmi nos capitalistes un grand appétit pour de semblables placements. Quelques circonstances contribuèrent aussi à mettre les mines étrangères dans un jour favorable. Mais l'un des faits les plus importants, comme avant influé finalement sur la panique de 1825, et donnant à cette crise un caractère distinct, c'est que les importations de marchandises furent généralement faibles en 1824, et à peine égales à la consommation, en sorte qu'il se manifesta une hausse considérable dans les prix, spécialement vers la fin de l'année. Toutes ces circonstances concoururent, vers la fin de 1824, à faire naître la fièvre de la spéculation dans les premiers mois de 1825 [8]. »

Ce qui prouve clairement qu'il y avait à cette fièvre de spéculation une cause plus générale, c'est la variété même des objets auxquels elle s'attacha. J'en reproduis l'énumération d'après le même écrivain 1° spéculation sur les emprunts étrangers ; 2° spéculation sur l'exploitation des mines étrangères ; 30 spéculation, dans le pays même, sur les terres et les propriétés, qui montèrent soudainement à des prix très élevés, particulièrement dans le voisinage des grandes villes ; 4° spéculation dans des compagnies de divers genres, ayant pour objet les mines, les chemins de fer, les bateaux à vapeur, les assurances, les prêts, etc. ; 5° spéculation sur les marchandises de tout genre. Est-il possible, je le demande, que le même esprit se soit révélé à la fois dans tant de directions différentes, s'il n'avait pas été éveillé par une cause générale et commune ? Or, cette cause n'est autre que l'excessif développement des escomptes de la banque, et l'impossibilité absolue pour les capitalistes, en raison du privilège exclusif dont la banque jouissait, de trouver ailleurs l'emploi régulier de leurs fonds.

On peut voir, dans le tableau qui précède, que l'encaisse métallique, qui s'était élevé à 13,800,000 livres au mois de février 1824, tomba à 2,459,000 en février 1826, ce qui fait une décroissance de plus de 1ll millions sterling en deux ans. Encore tomba-t-il au-dessous même de 2 millions, et la banque se vit-elle réduite aux expédions les plus extrêmes pour en remplir les vides, à tel point qu'elle eût succombé peut-être, si elle n'avait trouvé à point nommé dans ses bureaux pour 1 million sterling de billets de moins de 5 livres, qu'elle se hâta d'émettre pour satisfaire aux plus pressants besoins.

Une autre circonstance doit frapper dans ce tableau : c'est qu'en 1825, et surtout au commencement de 1826, l'encaisse de la banque n'égalait pas même à beaucoup près le montant des dépôts dont elle était débitrice, d'où il suit qu'elle opérait exclusivement avec les fonds d'autrui, dont elle ne payait d'ailleurs aucun intérêt. Quant aux émissions de billets, on peut voir qu'elles étaient sujettes, à cette époque, à des variations assez fortes, variations qui sont devenues beaucoup moins sensibles depuis que les banques à fonds réunis (*joint-stock banks*) se sont propagées dans le reste du pays. « Si le peuple d'Angleterre. dit fort judicieusement à ce sujet M. H.-C. Carey, avait eu la liberté de fonder une autre banque sur le principe de la responsabilité limitée des associés (c'est-à-dire constituée en société anonyme), et telle qu'elle eût pu absorber, en 1824, l'excédant des dépôts, l'or se serait transporté dans une autre rue, au lieu de se transporter dans *un autre pays* [9]. » La banque aurait eu de plus faibles dividendes à distribuer à ses actionnaires, mais le pays aurait échappé à de cruels désastres.

La crise de 1837, aussi grave que celle de 1826, n'en diffère pas dans ses circonstances essentielles. Voici, dans les années qui l'ont précédée, le mouvement de la circulation, des escomptes, de l'encaisse et des dépôts.

Années	Circulation	Dépôts	Avances	En caisse
31 décembre 1833	17,469,000 liv.	15,160,000 liv.	24,567,000 liv.	10,200,000 liv.
28 décembre 1834	17,070,000	13,019,000	25,551,000	6,978,000
26 décembre 1835	16,564,000	20,370,000	31,764,000	7,718,000
13 décembre 1836	17,361,000	13,330,000	28,971,000	4,545,000
12 février 1837	17,868,000	14,230,000	31,085,000	4,032,000

C'est toujours le même fait qui se reproduit. Les avances ou escomptes s'accroissent, le capital devient surabondant dans le pays, la masse des dépôts s'élève de 13 à 20 millions de livres sterling ; les actionnaires de la banque perçoivent de larges dividendes, et les autres capitalistes ne savent que devenir avec leurs fonds, sur lesquels ils ne perçoivent rien. Ils cherchent enfin pour leurs capitaux un emploi au dehors, puisqu'on le leur refuse au dedans, et le retrait des dépôts commence. Un instant la banque essaie de limiter ses opérations (décembre 1836), mais il en résulte une détresse générale, et les faillites éclatent. La banque est contrainte alors d'étendre de nouveau ses escomptes en présence d'une diminution continue de son encaisse métallique, et au risque d'aboutir à une suspension complète de ses paiements en numéraire.

Les chiffres que nous venons de grouper sont remarquables à plus d'un titre. C'est à partir du mois de décembre 1833 [10] que l'encaisse métallique commence à décroître, tandis que la masse des dépôts s'accroît toujours. Dès cette époque, le chiffre de l'encaisse est fort inférieur à celui des dépôts, et au mois de décembre 1835, époque où le retrait commence, la disproportion devient énorme, ce qui prouve que la banque s'engage de plus en plus dans la funeste pratique d'opérer avec les fonds d'autrui, sans les avoir liés à sa fortune par le paiement d'aucun intérêt. Une autre circonstance non moins digne d'attention, c'est que dans toute cette période, si agitée, si tourmentée, le chiffre total de la circulation varie peu, et beaucoup moins, par exemple, que dans les années antérieures à 1826. Cette circonstance prouve d'abord que les banques à fonds réunis, qui s'étaient formées dans les provinces en conséquence de la loi de 1826, avaient apporté là un élément de régularité qui n'existait pas auparavant : j'avais donc raison de dire, en commençant, que plus les banques se multiplient, plus elles se soumettent à la règle. Il faut en conclure, en outre, que ce n'est pas dans l'irrégularité ou l'intempérance des émissions de billets que le mal réside, puisque, même aux époques les plus critiques, ces émissions ont très peu varié en Angleterre, et que c'est bien à tort enfin que certains économistes anglais, sir Robert Peel en tête, ont cru, en s'efforçant de les limiter, prévenir le retour des crises commerciales. Ils ont cherché le mal où il n'est pas, et ont refusé de le voir où il se trouve. C'est à ce point de vue surtout que le bill de 1844, d'ailleurs si mal combiné dans ses dispositions pratiques, est une très grosse erreur.

Charles Coquelin

IV. – CONS2QUENCES DE LA LIBERTE DES BANQUES – CONCLUSION

En présence de ces faits trop significatifs, que faut-il penser et dire de ces hommes aveugles et chagrins, qui s'en vont répétant parmi nous que les souffrances de nos sociétés actuelles dérivent de la *tyrannie du capital* ? Cette formule a-t-elle un sens quelconque dans leur bouche ? et si elle a un sens, quel est-il ? Certes, les maux sont grands dans la société qui nous entoure ; mais n'est-il pas puéril de les attribuer à une prétendue tyrannie que le capital exercerait sur le travail ? Où sont les circonstances par où cette prétendue tyrannie se révèle ? Il n'est guère de l'essence du capital d'opprimer le travail, sans lequel il ne peut rien, et qu'il doit, au contraire, suivre et rechercher avec empressement dans toutes ses voies. En fait, d'ailleurs, cela n'est pas. Ce qui est vrai plutôt, c'est que, dans l'état de choses dont je viens de tracer un tableau fidèle, le capital est lui-même affreusement opprimé par un monopole inique. Cette vérité s'applique d'ailleurs, remarquons-le bien, aux petits capitaux tout aussi bien qu'aux grands, et il ne faut pas oublier que l'ouvrier, l'homme de peine, devient lui-même capitaliste aussitôt que le fruit de ses épargnes commence à s'accumuler entre ses mains. Nos socialistes seraient donc plus près du vrai, s'ils attribuaient les maux de la société actuelle à la tyrannie exercée sur le capital ; mais alors ils seraient forcés de convenir que ce qu'ils appellent la *bourgeoisie* en souffre bien autant que ce qu'ils appellent le *peuple*, et cet aveu dérangerait peut-être leurs calculs.

La tyrannie exercée sur les capitaux de tous les genres, voilà donc le caractère distinctif du régime des banques privilégiées. Il en résulte, en temps ordinaire, pour les détenteurs de ces capitaux, des pertes d'intérêts, des embarras cruels ; pour le pays, une paralysie funeste d'une grande partie du fonds social, une stagnation habituelle dans les affaires, et, au moindre effort pour en sortir, une catastrophe. Que si le travail souffre de cet état de choses, ce qui n'est pas douteux, c'est qu'il subit forcément, même à son insu, le contre-coup de tous les désordres dont le capital est affecté.

Est-il nécessaire de dire maintenant comment la liberté des banques apporterait un remède certain à tous ces maux ? On a déjà pu le comprendre. Supposez qu'en 1844 ou en 1845 il eût été permis d'établir une seconde banque à Paris. Elle aurait recueilli, pour composer son fonds social, une bonne partie des capitaux alors oisifs dans les caves de la Banque ou dans les caisses des banquiers. L'escompte des effets de commerce n'eût pas diminué pour cela, au contraire, puisque les deux banques l'auraient effectué concurremment. Ainsi les affaires, loin de se ralentir, auraient pu prendre même un plus rapide essor. Seulement, comme une bonne partie des fonds alors inoccupés aurait trouvé là son emploi, la spéculation sur les chemins de fer eût été peut-être moins ardente. Dans tous les cas, la nouvelle banque, n'ayant à rendre compte à personne des fonds prêtés par elle, puisque ces fonds auraient été les siens, aurait pu laisser cette spéculation s'épanouir à l'aise, sans en redouter aucunement les suites. Quant à la première banque, privée d'une notable partie des dépôts que d'ordinaire on lui confie, puisque ces dépôts seraient allés chercher leur placement dans la nouvelle, elle aurait senti dès cette époque la nécessité de rappeler son propre capital, alors presque entièrement absorbé en achats de rentes : au lieu donc d'opérer presque exclusivement avec les capitaux d'autrui, elle aurait fait valoir les siens. Par-là, elle eût été prémunie d'avance contre la crise future. Dans cette situation, la spéculation sur les chemins de fer, la disette même des céréales, auraient pu survenir, sans causer le moindre ébranlement.

Si l'établissement d'une seconde banque n'avait pas suffi, ce qui est très probable, pour absorber les capitaux dormants, il s'en serait formé une troisième qui eût encore mieux raffermi la position. Les escomptes se seraient étendus sans aucun doute, au grand avantage de l'industrie et du commerce, mais sans danger pour le pays. Les trois banques instituées étant forcées de se restreindre chaque jour davantage à l'emploi de leurs propres fonds, la possibilité d'une crise se serait éloignée de plus en plus. Chacune pourtant aurait ajouté quelque chose à ses ressources propres en émettant une certaine quantité de billets ; mais, à moins qu'on n'eût abaissé le chiffre des coupures de ces billets, la circulation totale n'aurait pas grossi pour cela, car c'est le public qui règle cette circulation, sans qu'il dépende en rien des banques de l'élever. Ainsi le commerce et l'industrie auraient pu se donner carrière, sans qu'on eût à redouter aucune perturbation. Il va sans dire cependant que la

Banque actuelle aurait vu diminuer ses bénéfices. Après l'établissement d'une première banque rivale, elle aurait vu ses produits se réduire, non pas de moitié, puisque la somme totale des escomptes aurait pu augmenter, mais peut-être d'un tiers, par exemple, de 16 pour 100 à 10. Après l'établissement d'une seconde banque rivale, ces mêmes bénéfices se seraient peut-être réduits à 7 ou 8 pour 100 ; une quatrième aurait pu les réduire à 5 ou 6, taux d'intérêt encore fort respectable, et que la plupart des capitalistes seraient trop heureux d'obtenir, s'ils pouvaient les percevoir sans travail et sans danger. Si l'on demande où s'arrêterait cette multiplication des banques, la réponse sera simple : elle s'arrêterait au moment où les bénéfices obtenus par ce moyen ne seraient plus supérieurs à ceux qu'on peut obtenir dans d'autres directions.

La France veut-elle enfin améliorer sa condition ? Voilà la route qu'elle doit suivre : route facile autant que sûre. C'est par la liberté des banques qu'elle pourra remédier aux maux présents, en s'assurant un sort prospère dans l'avenir. Qu'on se hâte donc de proclamer ce salutaire principe. Quelques autres mesures, il est vrai, seraient encore nécessaires. Il faudrait, par exemple, affranchir l'association commerciale des entraves que le régime actuel lui impose ; car il ne servirait de rien d'avoir permis aux compagnies d'exercer le commerce de banque, si la formation régulière des compagnies demeurait à peu près impossible, comme elle l'est dans l'état présent de la législation. Peut-être aussi, pour accélérer le retour du crédit, serait-il nécessaire d'abroger la loi qui fixe le taux de l'intérêt, loi fâcheuse dans tous les temps, et surtout en ce moment funeste ; mais ces dernières mesures sont comme les corollaires de l'autre. Que les Français puissent, usant d'un droit fort naturel d'ailleurs, exercer comme ils l'entendent, soit isolément, soit en compagnies, le commerce de banque, de change et d'argent : voilà le principe dans toute sa latitude, tel qu'il doit être compris et proclamé. A cette condition, mais à cette condition seulement, le commerce et l'industrie répareront leurs ruines, et se relèveront plus forts, plus vivaces, qu'ils ne l'ont été dans aucun temps.

NOTES

1.   Richesse des nations, liv. II, chap.II.

2.   Ce nombre doit avoir augmenté depuis 1830, comme dans tout le reste de l'Union, où il avait déjà plus que doublé en 1838.

3.   Il ne faut pas croire pour cela que le capital de ces banques soit insignifiant. Il s'élevait en 1830, pour toutes les banques réunies de Rhode-Island, à 6,118,000 dollars (33,000,000 de fr.), chiffre considérable eu égard à la population, et qui donne, en moyenne, pour chacun de ces établissements, situés pour la plupart dans de fort petites localités, un capital de 702,900 fr. Si l'on ajoute à cela qu'à cette époque la banque centrale, dite des États-unis, étendait encore ses ramifications dans Rhode-Island comme dans toute la Nouvelle-Angleterre, on pourra se faire une idée de l'action que les banques y exerçaient. Par les chiffres qui précèdent, on pourra juger aussi de la richesse incomparable de ce petit pays.

4.   Il faudrait faire quelques légères déductions pour compenser les pertes ; mais, à moins d'un événement extraordinaire, ces pertes ne seront jamais considérables, car une banque privilégiée exige toujours deux garanties pour une.

5.   C'est dans cette situation que le change avec l'étranger devient, comme l'on dit, défavorable ; circonstance dont le parlement anglais s'est beaucoup préoccupé, sans la bien comprendre, lors de la présentation du bill de 1844 relatif à la limitation des émissions des banques, et dont sir Robert Peel a singulièrement abusé auprès de la partie ignorante de la chambre des communes. En fait, ce change défavorable est un symptôme de prospérité croissante ; aussi ne se manifeste-t-il que dans les belles années. Il est très vrai cependant qu'en raison du monopole de la banque et du crédit tout artificiel que ce monopole engendre, ce symptôme de prospérité actuelle devient presque toujours le signe avant-coureur de quelque grand désastre.

6.   Capital, Currency and Banking. — London, 1847.

7.   The Credit System in France, Great Britain, and the United States. — By H.-C. Carey. Philadelphia, 1838.

8.   Capital, Currency and Banking, page 172.

Charles Coquelin

9.	The Crédit System, chap. VIII.

10.	Il s'était même élevé à 11,078,600 livres au mois de septembre précédent.

ISBN : 978-1973886549

www.ingramcontent.com/pod-product-compliance
Lightning Source LLC
Chambersburg PA
CBHW070929220526
45468CB00005B/1705